大家小小书

篆刻　王兴家

新编历史小丛书

中国武术器械

习云泰 著

北京出版集团
文津出版社

作者简介

习云泰，1935年12月生，河北唐山人，北京体育大学首届毕业生，成都体育学院教授，中国武术九段，武道黑带十段。

1995年被评为中国当代"武术十大名教授"。2007年被评为"世界著名武术教育家""世界著名十大武术教授"。2011年被世界文化研究院评为"世界武林泰斗"。2013年被聘为国际功夫联合会荣誉顾问，被四川省武术运动管理中心评为"武术宗师"。2015年获国际武道联盟总部颁发的"世界武林至尊奖"。

前　言

　　武术器械主要是由古代兵器演化而来的。兵器是进行战争的一个重要因素，它总是根据战争需要而出现，并伴随着科学发展而改进。器械的每一次变化都标志着其性能与使用技术的提高。一旦古代兵器离开战争，成了锻炼身体的器械时，它又依附于健身需要而改进，伴随科学、文化的进步而发展，这就是武术器械的发展史。

　　历代兵家对军队的武器装备改进都十分重视。《史记·律书》载："六律为万事根本，其于兵械尤所重。"《太公金匮》载："守战之具，皆在民间。"（见《太平御览》卷三百三十九）劳动人民在长期生产斗争中创造了丰富多彩的兵器，这些兵器的产生、发展和变化与当时社会的政治、经济、文化、军事等密不可分，尤其是生产力的发展对武器改进起了重要作用。

　　作战的兵器种类繁多，差异也大。各种兵

器的出现与使用都不是孤立的，而是"弓矢御，殳矛守，戈戟助"（见《司马法》），即所谓的"长以卫短，短以救长"。长兵的特点是远距离杀伤力大，但近距离有死角，不利于距离过近的实战，这就要用"短以救长"来补救。短兵在远距离易遭攻击，又须有长兵来掩护。《司马法》针对兵器性能，为了更好地发挥威力，指出"兵惟杂"，"兵不杂则不利"。也就是说，只有兵器多样化才能适应作战的需要。因此，任何一种兵器发展都与整体兵器的配合是分不开的。任何兵器的使用与改进都要经历一个由简单到复杂的发展过程。最早的兵器"戈、矛、弓矢而已"，品种单调，"铢而无刃"（见《淮南子·齐俗训》，楚人谓刃钝为铢）。经过历代劳动人民不断创新、改进，有的兵器在历史上一瞬即逝，有的成为武术器械沿用至今。凡是成为武术器械的，必须便于演练，在技术上比较成熟，并形成了显著特点，如刀、枪、剑、棍等。而有的兵器，如铁蒺藜等，因不具备以上条件，从来没有形成武术项目。有的武术器械在兵器中没有，而仅存于民间传说之中，一旦有了技术特点及演练方法，也会逐渐形成武术项目，如峨眉刺等。

随着火器的出现和应用，各种古代武器的军事实用性逐渐消退，但作为武术项目的器械，则随着健身需要及丰富文化生活需要，在保留攻防特点的前提下仍在发展着，有的分化出来成为独立的项目，如射箭、摔跤，有的已被淘汰，如弩等。

武器的总称，因时代的推移而不同。五兵、五刃、五戎、刀兵、兵革、兵仗都是不同历史时期对兵械的总称。例如，《周礼·夏官·司兵》载，"掌五兵五盾"，并注曰："郑司农云：'五兵者，戈、殳、戟、酋矛、夷矛也。'又军事、建车之五兵，会同亦如之。步卒之五兵，则无夷矛，而有弓矢。"又如《穀梁传·庄公二十五年》载："天子救日，置五麾，陈五兵、五鼓。"（注曰："五兵，矛、戟、钺、盾、弓矢。"）

以后随着车战向步骑战过渡，刀、剑成了重要兵器，始有五刃的名称。《国语·齐语》载："教大成，定三革，隐五刃。"（注曰："五刃，刀、剑、矛、戟、矢也。"）

"五戎"即"五兵"。《吕氏春秋·九月》载："以习五戎。"（注：五戎谓五兵，刀、剑、矛、戟、矢也。）据《礼记·月令》载，季秋之月"天子乃教于田猎，以习五戎"。（郑注：五戎谓五兵，弓矢、殳、矛、戈、戟也。）以上5种兵器，除矛、戟之外，内容有所不同，说明都是兵器的总称。以后出现的"刀兵"仍泛指武器。《史记·豫让者》载，"豫让，内持刀兵"，其中"刀兵"指的就是武器。

兵杖或兵仗也是兵器的总称。例如，《汉书·文三王传》载："收兵杖藏私府。"《周书·贺拔胜传》载："身死之日，惟有随身兵仗及书千余卷而已。"

使用武器的技艺，从汉朝始称武艺，一直沿用到清朝。《三国志·刘封传》载："有武艺，气力过人。"到了元朝，为了表示武艺全面，在元朝戏剧中始用"十八般武艺"这个名称，但未记载其具体内容。例如，元初杨梓的《敬德不伏老》中说："他十八般武艺都学就，文韬书看的来滑熟。"《永乐大典》中有佚名氏的《张协状元》，其中说"十八般武艺都不会，只会白厮打"。这时只用"十八般武艺"这个名词来表示武艺全面，以后就逐渐附有具体内容了。

到了明朝，十八般武艺有了具体内容。以

后据褚人获的《坚瓠续集》卷四记载：十八般武艺有两说，一作矛、锤、弓、弩、铳、鞭、锏、剑、链、挝、斧、钺、戈、戟、牌、枪、扒、棍，一作弓、弩、枪、刀、剑、矛、盾、斧、钺、戟、鞭、锏、槌、殳、叉、耙头、绵绳套索、白打。两说大同小异，从十八般武艺内容看，包括的武器有长有短，有单有双，有近有远，有明有暗，有硬有软。包括的内容十分全面，打、杀、击、射、挡器都有，带钩的、带刺的、带尖的、带刃的，器械形式多样，使武术的内容多姿多彩。

新中国成立后，为了满足增强体质及表演竞赛的需要，对刀、枪、棍等常用器械做了具体规定，对器械重量、长短、粗细以及制作材料都有了明确要求，这大大促进了武术技术水平的提高。

感谢为本书写作提供了巨大帮助的四川大学体育学院许庆华、四川天府新区击剑协会会长习龙吟、四川省技巧运动协会习靖琳、四川天府新区社区治理和社事局教育处崔福亮、四川师范大学体育学院杨文馨。

习云泰

目　录

一、剑

剑出现在殷商，按其用法而得名。《释名》载："剑，检也，所以防检非常也。"

西周时，剑在车战中还不占重要地位，只作为短兵相接时的防身用具。当时的剑系青铜制，全长28~40厘米。形制有扁茎、带脊的柳叶形，有剑身修长的锐三角形，以及剑身后部较窄的短茎剑。剑身有脊棱，在茎和剑身相接处（后来按剑格位置）向左右各伸出一小齿。以上各种形制的剑，由于剑身短小，只能用剑尖前刺，不适合于劈砍等。正如《晏子春秋》记载，"剑承其心"，"直兵推之"。

战国时期，随着车战衰落，步兵兴起，剑作为步兵的武器受到重视。吴越军队的主力是步兵，为了提高战斗力，只能采取两个办法。一个是提高剑术水平。关于越女、袁公、鲁石公的传说，正反映了这一历史事实（见《吴越春秋·勾践阴谋外传》）。另一个是改进剑的形制和提高剑的质量，把剑的形制由柱脊剑，即圆柱体的茎向前延伸而形成剑身的凸背，有的剑茎上还装有剑首，并使剑身逐渐加长。

青铜剑质脆，延长剑身受到限制。春秋时期，楚国首先出现铁剑，最长的竟达1.4米。由于剑身加长，才有可能发挥两刃劈砍等击法。

到了汉代，铁剑已取代青铜剑，并且剑比较成型。剑前有剑尖，剑身两侧有刃，中间有脊，自脊至刃称为腊或锷，刃以下与柄分隔处称首，首以下持剑处称茎，茎端有环处称镡。使用剑的方法，随着剑的形制改变，也明显改进。汉代有《剑道》38篇，总结了以前的剑术理论。剑术除斗剑外，还出现了套路形式的舞剑。

到了东汉，由于骑兵需要，剑已逐渐被适于砍劈的环柄刀所代替，特别是东汉以后，剑在战场上已失去了光辉。但剑在民间仍被人们所喜爱，佩剑之风长久不衰，对剑术套路发展起了促进作用。

剑的击法有劈、刺、扎、撩、点、崩、击、截、抹等。用各种剑法组成的套路表现形式，有行剑、站剑以及介于两者之间的套路。行剑是在

步法变换中运用各种剑法，练起来连绵不断，定
式很少，突出身法变化。站剑又称势剑，即从一
个动作过渡到另外一个动作时有停顿，有间歇，
平衡动作较多，以姿势清楚、动作稳健为主。

　　舞剑有文、武之分。文剑配有"剑袍"（即
剑穗），武剑没有"剑袍"。剑穗又有长、短之
别，长剑穗的剑较为难练。为了不使剑穗绕在剑
上，既要有剑法，又要控制剑穗随剑运转。

　　除单剑外，还有两手各持一剑的双剑（图
1、图2）。双剑又分长穗双剑和短穗双剑。剑术
套路有虎头剑、龙形剑、八卦剑、七星剑、三合
剑等。对练套路有对剑、空手夺剑等。

图1　单剑（依李福妹拳照）

图2　双剑（依王常凯拳照）

二、刀

《释名》载："刀，到也。以斩伐到其所刀击之也。"

殷商时已有铜刀，到了西周，刀的形状有了变化，刃与柄之间无明显分界，柄部略厚，近刃部有圆圈穿孔。相传西周时以"昆吾"的刀最著名，但用刀的盛世还是战国时期骑兵已作为独立兵种出现以后。从秦始皇陵的陶俑坑中也发现了不少骑兵俑，但大量使用骑兵还是从秦末到西汉初年。

伴随着骑兵的发展，刀的形制不仅有了改变，作战中也更重要了。因为骑兵机动、灵活、奔驰快，作战时骑马用刀斩劈，可格，可刺，已明显优于剑的直刺，杀伤力大于剑。因此，东汉末期刀逐渐取代了剑。

汉代的刀，直脊有刃，刀柄与刀身之间没有明显的区分，刀柄首端毫无例外都制成扁圆环形，名为环柄刀或环首刀。这种刀流传甚广，东自朝鲜、日本，北至匈奴，西抵大月氏，南达安南，在这广大地域内均享有盛名。特别是东传日本以后，成了日本刀的祖型。

东汉末年，适合劈砍的环柄刀在战场上已成了主要武器，作战时士兵一手持刀，一手持盾。到了三国时期，军队大量装备的短兵中就只有刀了，刀的制造也更加精良，如诸葛亮让蒲元铸造的刀"称绝当世，因曰神刀"。刀不仅用于作战，也有了舞练套路。《吴书》载："酒酣，统乃以刀舞。"

南北朝以后，刀一直是重要武器。李白的《从军行》中"从军玉门道，逐虏金微山。笛奏梅花曲，刀开明月环"就反映了当时作战时主要用刀。

《唐六典·武库条令》中只有刀制，而无剑制，其中有仪刀、鄣刀、横刀、陌刀。唐宋时，还出现了长柄刀。从宋《武经总要》可看出刀制有了进一步改进，从狭长的长条形改成刀头前锐后斜形，并有护手，去掉了扁圆大环，近似现代武术用刀。当时刀的种类繁多，称为"刀八色"，有手刀、掉刀、屈刀、偃月刀、戟刀、眉尖刀、凤嘴刀、笔刀等。

　　刀的击法有劈、砍、撩、刺、截、拦、搅等。刀术套路中，单练有单刀（如少林长刀、小提刀、连环刀、八卦刀）、双刀（如梅花双刀）、大刀（如春秋大刀）、朴刀、双手带等；对练有空手夺刀、单刀花枪、花枪大刀、朴刀进枪、双刀进双枪、对劈刀、单刀盾牌进枪等（图3、图4、图5）。《大刀谱》曰："青铜偃月双手举，入步勾挂断腰背。左右挑胁缠绕步，分开中门加力劈。"

图3　单刀（依王冬莲拳照）

图4 双刀（依谁的拳照不明——编者注）

图5 春秋大刀（依王新武拳照）

三、枪

枪在古代称作矛，为纯粹刺兵。《事物纪原》载："黄帝与蚩尤战，即是有枪时。诸葛亮始以木作之，长丈二，以铁为头。"枪制作简单，杀伤力大，故自汉以降，戈废戟衰，而矛独存，成为古战场上车战、步骑战的利器。

石器时代便有石矛。商周时，五兵中酋矛、夷矛就占了两兵。所以，后世称枪为"百器之王"。

枪在历代战场上屡见不鲜。五代王彦章以枪闻名于世，人称"王铁枪"。宋代英雄岳飞手持丈八铁枪，横冲战场。南宋宁宗时，农民领袖李全善运铁枪，人称"李铁枪"。李全妻杨氏自称"二十年梨花枪，天下无敌手"。

由于枪流传广泛，特别是在民间得到了普及和发展，宋时也有按地区划分的东路枪手、河东流派，还有按姓氏划分的张朱派等。传至明代，以石家枪、峨眉枪、杨家枪、沙家枪、马家枪、少林枪等著称。

枪的形制种类也很多。《武备志》载："阵所实用者，莫枪若也。武经载凡七种，今所用者六种，大同小异。一曰长枪，则竹木兼用，最长可以远札。又有枪式三。一与鸦项枪略同。一与今长枪同而杆异。一则古之所谓矛也。三枪之用，皆兼棍法，所谓'连枪带棒'是也。一曰铁钩枪挨牌而进，甚利便一曰龙，刀枪可以实战备载之。"

收录枪法的著作，有戚继光的《纪效新书》和程冲斗的《耕余剩技·长枪法选》。吴殳的《手臂录》是集枪法大成的著作，着重一戳一格对扎的基本功。

枪的击法以拦、拿、扎为主。"枪扎一条线"，要求扎出平直，所谓"中平枪，枪中王，当中一点最难防"。此外，枪法还有圈枪、穿梭枪、劈枪、崩枪、挑枪、拨枪、带枪、拉枪、架枪、扑枪、点枪、把法等。

武术套路中所用的枪有大枪、花枪、双头枪、双枪、钩镰枪等。单练有大梨花枪、金枪、川少枪、罗汉枪、刺膝枪等。此外，还有双手各持一枪的双头双枪（图6、图7）。

对练套路有对扎枪、棍进枪、单刀进枪、空手夺枪、三节棍进枪、九节鞭进枪、双插子进双枪、双梢子进枪等。此外，还有集体枪术表演。

图6　长枪（依于霞拳照）

图7　双头双枪（依张红梅拳照）

四、棍

棍是历史上最久远的武器之一。《太白阴经》载："木兵始于伏羲，至神农之士，削石为兵。"最初的棍棒可能是天然的，或经过简单加工制作的。棍棒用途颇多，既可袭击野兽，保卫自己，也能用来采集、捕鱼，后来又演变成多种武器。棍棒虽然没有像石器那样保存下来，但从发现的很多砍砸器和适于刮削木棒的刮削器来看也可间接得到证明。

棍最早称作殳，列为五兵之一。《诗经·伯兮》载："伯也执殳，为王前驱。"当时的殳，长丈二，而无刃（见《周礼·考工记》）。

作为武术器械的棍，种类繁多，如八尺大棍、齐眉棍、三节棍及长、短梢子棍等，都是由棍演变而来的。

棍用枣木制，以后改用白蜡杆，取其韧性强，练起来既柔又刚。

棍的击法有劈、崩、抢、扫、缠、绕、绞、点、拨、云、拦、挑、撩、挂、戳等。用各种棍法组成的套路都要表现出棍使两端、棍打一大片的特点，要做到手臂圆熟，身棍合一，力透棍尖，风声呼呼，势猛劲烈。

明何良臣在《阵纪》中主张："学艺先习拳，次习棒，拳棍法明，则刀枪诸技特易易耳，所以拳棍者为诸艺之本源也。"

棍术套路有五虎群羊棍和少林棍，对练套路有对棍、棍进枪、棍进三节棍及三人对棍等（图8、图9、图10）。

图8　长棍（依郝志华拳照）

图9　长梢子棍（依胡宝林拳照）

图10　三节棍（依谁的拳照不明——编者注）

五、戈

戈是由镰刀演化而来的古代车战兵器之一，也是随身携带的一种武器。戈系长柄、平头、刃在下边，既可横击，又可用于钩杀。

商代已经有了铜戈。《诗经·秦风》载："王于兴师，修我戈矛。"这说明戈当时是主要武器。周代，把习戈作为教育内容之一。《礼记·文王世子》载："凡学……春夏学干戈，秋冬学羽籥，皆于东序。"干是指盾牌，系防守武器。戈是进攻武器。

春秋战国时，戈的使用仍非常普遍。《楚辞·九歌·国殇》载："操吴戈兮被犀甲。"《左传》载："襄十五年记太子蒯聩入卫，其姊，孔伯姬杖戈而先。"《淮南子》载："鲁阳公与韩构战酣日暮，援戈而挥之日为之反三舍。"（见《古今图书集成》卷二百九十一"戈矛部"）这些都说明当时戈是随身携带的重要武器。

直到秦代，兵卒所用的武器仍是戈。《汉书·艺文志》就记载了《蒲苴子戈法》4篇，可惜已散失。至汉代时才逐渐弃戈而用矛。但唐代仍有用戈的记载。《宋史·韩世忠传》说，挽强驰射、勇冠三军的韩世忠，在金人压境、王师数百万皆溃时，"世忠陷重围中，挥戈力战，突围出"。这说明用戈的技法并没失传。但在宋《武经总要》中已经无戈的记载，说明大规模使用戈作战的时代已经过去。

戈的规格，据《周礼·考工记》载："戈广二寸，内倍之，胡三之，援四之。已倨则不入，已句则不决。长内则折前，短内则不疾。是故倨句外博，重三锊。"

从商到秦，戈不断改进。在实战中，除用尖部啄击外，从只用内刃逐步改为内外两刃都用，不仅可用内刃钩割，也可以用外刃推杆。在戈头与戈柄（柲）连接处，改进也很大。商代出土的直内戈、曲内戈都无胡无穿，缚柄不牢固，使用时易于斜裂。另有一种銎内戈式，从圆銎载木柄上，易于脱头，因而逐渐被淘汰。到西周时，主要用直内式的戈，而且延长了戈的下刃，基部弯曲处形成如牛喉样的胡，再从胡中铸成小穿，使木柄不易斜裂及脱头。刃口加长，攻击性就更强了。西周铜戈，多短胡一穿；从西周末年到春秋初期，戈多改进为中胡三穿；战国时改为长胡三穿式。胡长穿多，攻击性加强，这些微妙的改进显示了当时人类战斗的经验。

由于作战中使用方式不同，戈分长、中、短3种。长戈长约314厘米，中戈长约139.4厘米，短戈长约91厘米。长戈用于车战，短戈用于步兵作战。

戈在军事作战中被较早淘汰，以致无套路动作流传下来。但在徐学谟的《少林杂诗》中有"名香古殿自氲氲，舞剑挥戈送落曛。怪得僧徒偏好武，昙宗曾拜大将军"之句，说明明代少林寺中还把挥戈作为练武内容。戈有钩割、啄击、挂挑等击法。

六、戟

戟是商代以矛为主体，并在矛的基础上结合戈的优点而发明的新型武器。《释名》载："戟，格也，旁有枝格也，……车戟曰常，长丈六尺，车前所持也。八尺曰寻，倍寻曰常……手戟，手所持摘之戟也。"戟既可钩割、啄击，又能直刺，杀伤力比戈、矛强。在陕西、河北、山东、甘肃、河南、北京等地发掘的西周墓中发现了大量用青铜铸造的戟，说明在西周使用戟已较普遍。战国末年出现了铁制的戟。

在秦汉马战或步战中，戟仍是重要武器。《吴书》载："凌统怨甘宁杀其父操。尝于吕蒙舍会，酒酣，统乃以刀舞。宁起曰：'宁能双戟舞。'"《汉书》中也有关于戟的记载。《三国志·典韦传》载："韦手持十余戟，大呼起，所抵无不应手倒者……韦好持大双戟与长刀等。"曹操也是舞手戟的能手。《魏志·武帝纪》载：

"太祖常私入中常侍张让室，让觉之，乃舞手戟于庭，逾垣而出。才武绝人，莫之能害。"

到了两晋南北朝时，戟在战场上的作用消失了，逐渐在民间形成以套路形式出现的表演项目。《资治通鉴·晋纪》载："今乡落悍民，两手运双刀……又善舞戟，左奔右赴为刺敌之势，又环身盘戟，回转如萦"，"以戟矜柱地，跳过矜上，特为儇捷，此所谓走戟也"。这种以套路形式出现的舞戟，既有攻防特点，又有花法串在其中，以后逐渐被百戏（相当于今之杂技）所吸收（见《杜阳杂编》）。

隋唐时，仍有执戟作战的记载，如"仁贵自恃骁勇，欲立奇功，乃著白衣自标显，所向披靡，军乘之，贼遂奔溃"（见《册府元龟》）。但在隋唐时，由于武器随废长兴短、以铁代铜的进程而发展，戟在军事上逐渐被淘汰，成为民间表演、健身器械，或只作为显示等级或仪仗队使用了。

唐开始出现列戟制度。列戟是唐代一种反映统治阶级地位高低的制度。在开元末年（741）、天宝六年（747）、贞元五年（789），李唐王朝均曾颁布有关规定，载于《唐六典》中。例如，规定在官吏出征时，用棨戟（木制品）作仪仗，用于炫耀威势。还规定三品以上大员中，下州以上的衙署才能列戟，戟的多少代表地位高低。由于实行列戟制度，对戟的式样要求更多，从而逐渐改变了戟的外形。

戟的种类很多，有长柄单戟和短柄双戟。长戟中有左右对称两个月牙的，称方天戟（图11）。只一侧有月牙的，叫青龙戟，《武经总要》中的

图11　方天戟（依吴云华拳照）

戟刀就属此类。古时，戟上悬有彩绸，并系有古钱，用作装饰。方天戟系上彩钱，叫"金绒五色幡"。青龙戟系上彩钱，叫"金钱豹子尾"。短把戟也有单、双月牙之分。戟的形制多样，练法也各异，主要击法有剁、捯、刺、探、片、压、带、钩、拦、钻、挂等。单练套路有方天戟，对练套路有方天戟对大刀等。

七、斧、钺

斧最早是生产工具之一。远在旧石器时代，原始人类就懂得用带刃的石块，缚以木柄作为砍伐器使用。《释名》载："斧，甫也。甫，始也。凡将制器，始用斧伐木。"

到了商代已有钺，当时作为兵器或刑具，用于砍杀。

斧、钺属一类。古时的"戚"，亦属斧类。《说文解字》载，"钺，夫斧也"，"戚，钺也"。两者区别在于斧刃比钺刃窄，钺刃较宽大，呈弧形，似新月。从1959年四川彭县出土的商代铜钺、铜斧，可明显看出两者的区别。

1977年8月，北京平谷县刘家河村出土一批青铜器和金饰，其中有一种是国内最古老的铁刃兵器（现藏首都博物馆）。经鉴定，这是商代中期、不晚于殷墟文化早期（公元前14世纪）的遗物，距今已有3300多年了。1972年，在河北藁城县台西村一座商代墓葬中发现了一种铁刃铜钺（现藏河北省博物馆）。上述这两件是形制最早的铁刃铜钺。

《史记·殷本纪》载："汤自把钺以伐昆吾。"《诗经·豳风·破斧》载："既破我斧，又缺我斨。既破我斧，又缺我锜。既破我斧，又缺我铢。"这说明钺是当时作战的主要武器之一。

斧和钺有密切关系。《古今注》载："金斧，黄钺也。铁斧，玄钺也。三代通相用之以断斩。"这俨然把斧和钺视为一器。

斧在秦汉时已成了有代表性的武器。《三国志》载："延绣及其将帅，置酒高会。太祖行酒，韦持大斧立后，刃径尺。"从出土的斧车画像砖也可看出：一马拖乘兵车，不巾不盖，车上竖立了一大钺斧，加上装饰，非常威武。车上左右各坐一人，并有二柄棨戟斜出车厢之后。可见，斧在当时颇受重视。

收入《武经总要》《武备志》的大斧是"一面刃，长柯（刀柄），近有开山、静燕、日华、无敌、长柯之名，大抵其形一耳"。另有峨眉钁，长九寸，刃阔五寸，柄长三尺。凤头斧，头长八寸，柄长二尺五寸。《三才图会》中则有"戚"与"扬"。

短柄斧系双器械，因其形似板，也叫双板斧，舞练起来要求粗犷、豪壮（图12）。其击法与鋬类相似，有劈、剁、搂、抹、云、片等。此外，斧还有钩挂的击法，因斧背有钩和斧端有刺，使用时既能钩拉，又能直刺。单势动作有翻身跳抡劈、上步平抡、马步横抹等。

武术套路仍保留有长柄斧、双斧以及两手各持一械的鸳鸯钺等。斧谱曰："轮开一柄斧，钺斧有阴阳，何处才显名，斧劈老君堂。"

图12 李逵手持双板斧（山东石雕）

八、鞭、锏

鞭既有单、双之分，又有软、硬之别。九节鞭是武术运动中软器械的一种。它有镖头、握把，中间有若干铁节，节与节之间用圆环相连，一般长度以人体直立时握把触颏、镖头触地为宜。

据考证，"铁鞭多节，系袭晋代遗制"。软鞭在古战场上"系猛烈之暗器，中人轻也重伤，且不易抵御"，"同时握柄将鞭打出，可击，可笞，可钩，可缚，善用者常可胜刀剑，一击可拖拉敌颈使倒"（见周纬：《中国兵器史稿》）。

鞭有七、九、十三节之分。一般称九节鞭，是一种软硬兼施、可长可短的兵器，平时携带方便，或收握手中，或围于腰际，用时用力一抖，便可舞动起来。

武术中的九节鞭运动方法有缠、抡、扫、挂、抛等，此外还有舞花和地趟鞭等动作。

"缠"是沿身体各部位，如手、肘、肩、颈、腰、腿等，做各种形式的缠绕动作。"抡"是使鞭呈立圆快速转动。"扫"是鞭呈平圆运转。"挂"是施力于快速运转鞭的某部位成支点，以改变鞭的运转方向。"抛"是把旋转的鞭顺势抛于空中。舞花有单手、双手之分：前者多使鞭沿身体前后做立圆运动，后者则多沿身体左右两侧呈立圆运转。

从上述方法中可看出，九节鞭以圆形运动为主，它借手臂摇动和身体各部位的转带，拨打鞭的某部位而增加动势和改变圆心及方向（图13）。

鞭旋转越快，产生向外牵引的离心力也越大，因此对增强握力、臂力有显著效果。鞭的单势动作有里、外拐，斜披红，抛接鞭等动作。

软鞭有单鞭和双鞭之分，和其他器械配合使用有"刀里加鞭"等。对练套路有九节鞭进枪。

硬鞭属短兵。《资治通鉴》卷一百九十三载："丙子（即唐贞观三年，公元629年），薛延陀毗伽可汗遣其弟统特勒入贡，上赐以宝刀及宝鞭，谓曰：'卿所部有大罪者斩之，小罪者鞭之。'"这种宝鞭就指硬鞭。硬鞭在搏斗中也多

图13 九节鞭（依苏同玉拳照）

有记载。《太平广记》卷一百九十四载："飞飞
当堂执一短鞭，韦引弹，意必中，丸已敲落。"
意思是飞飞在房内手持一短鞭，韦生拉弓射弹
丸，本以为必射中，不料弹丸被飞飞用鞭击落。
北宋呼延赞就善挥舞铁鞭、枣槊。

硬鞭有两种：一种是竹节钢鞭，形如竹节；
另一种是十三节水磨钢鞭，这种鞭不算柄有13
节，长约三尺，柄粗约一寸三分，鞭身有十三四
个方形疙瘩，鞭头稍细，有钝尖，鞭尾有坚木或

铁制柄，鞭头、鞭尾皆可握，能两头使用。击法有捋、挂、挑、截、封、闭、架、挡、摔、掉、点、盘、扫等。

锏，也叫简，是短兵器的一种，出现于晋唐之际，明清时人多喜用锏。锏多为铁制，形似硬鞭，唯锏身无节，锏端无尖。锏体断面呈菱形，即方形有槽，故有"凹面锏"之称。锏之大小长短，可因人而不同，一般长65~80厘米。锏有单、双之分，以练双锏居多。击法有上磨、下扫、中截、直劈、侧撩、绞压等24法。招数有横三竖四、砸、滚、挑、戳、架、挂等。用锏要求猛、快，因此有"雨打白沙地，锏打乱劈柴"之说。对练套路有双锏进枪等（图14）。

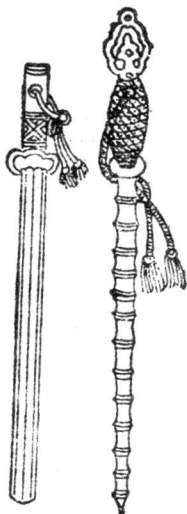

图14 锏（左）
和硬鞭（右）

九、鞭杆

鞭杆系武术器械之一，是民间将系鞭的杆单独使用而逐渐演化成的。《说文解字》载："鞭，驱也。"《玉篇》载："笞也，马棰也。"《武备志》载："长细而坚重者为杆。"

鞭杆为木制短棍，长度为本人的13把，长约1.14~1.40米，粗（直径）约35~38厘米，粗的一头鞭端称为"钻"，即"把端"，直径约2.5厘米。略细的一头叫"梢端"。演练时梢、把并用，单、双手持鞭，可调手换把。

击法有搬、点、戳、挂、滚、格、墩、挫、拦、砸、剁、劈、挑、扣、击、撩、截、拨、架、推、挎、绞、压等。演练中要求做到手不离鞭，鞭不离身，鞭法独特，走鞭换手，干净利落，动作敏捷，有左有右，身法伸屈吞吐，力法刚柔相济，力贯鞭梢（图15）。

鞭杆流行于甘肃、陕西、山西、宁夏等地。

由于它短而无刃，梢、把并用，可以单、双手持握，击法独特，携带方便，并可以全面发展人体素质，故成为牧民喜爱的项目之一。

鞭杆既可以单练，也可以对练，有鞭杆对打。套路有十三鞭、三十六鞭、陀螺鞭等。在第三届全运会武术比赛中，宁夏的集体项目"六盘鞭杆"获得了优秀奖。

图15　鞭杆（依王良拳照）

十、拐

拐，俗称拐子，据研究系由秦汉时代出现的一种两用特殊兵器——钩镶演化而来的。钩镶两头带钩，中间突出一短锥，背面有把手。推镶可御敌，钩引可刺杀。拐在古代兵器中未列，系武术器械之一。拐为木质结构，柄长二至四尺。长拐为单拐，长约四尺，有拐柄的在垂直近端处置一似角的横柄为短柄，故称牛角拐或羊角拐（图16）。握法有：一手持短柄，另一手持长柄，或两手握长柄，或单手握长柄或者短柄，交替使用，进行演练。

双拐系短拐。演练时握短柄，两手各持一械。拐的形状主要有下列几种：长、短柄垂直呈"丁"字形的丁字拐，短柄似鸭嘴的鸭嘴拐，在长柄1/4处置一"卜"形短柄的李公拐，拐身形似单刀、拐端似枪尖、短柄端处似钩镰的钩镰拐，以及苏勒拐（墨鱼拐）、牛角拐等。

拐的构造多种多样，练法大致相同。使用时，击打方向变化多端。单拐的击法有劈、砸、滚、崩、支、扑、拍、拿、钩、挂、撩、截等，双拐又有搂、盖、转、打等击法。

拐除单练套路外，也可对练，如刀拐对枪、双拐进枪等。

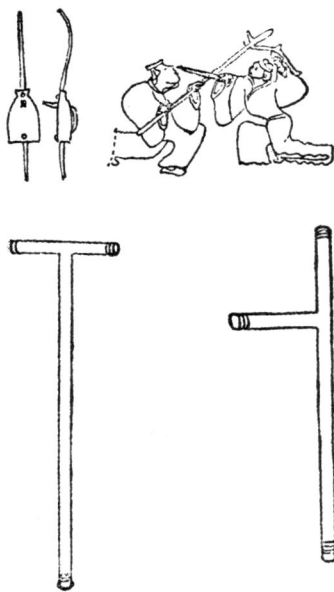

图16　钩镶（上）与拐（下）

十一、锤

锤是古代兵器的一种,有长柄单锤、短柄双锤及链子锤等。

带柄锤始见于春秋战国时期,在《史记·信陵君传》和《史记·留侯世家》中均有记载,可见当时锤是常用的武器。

锤形似瓜,故有立瓜、卧瓜等名称,也有四方、八棱等形状。古时持锤者称为金瓜武士。在成都凤凰山的明太祖朱元璋的孙子墓中就有持锤的陶俑,锤形有立瓜、卧瓜两种(图17)。《武经总要》中的锤枪也属长柄单锤之类(图18)。

短柄双锤非常沉重,舞练时需要有较大的力量,但因锤可用来硬砸、硬架,故有"锤棍之将不可力敌"之说。锤的击法有涮、曳、挂、砸、擂、冲、云、盖等。其中,涮、曳是用锤的特点。福居禅师的《少林衣钵真传》(抄本)载:"一对铜锤闭四门,上三下四八方寻。三回九转入手化，后代八步紧缠身。"这是对用铜锤的生动描述。

链子锤又名流星锤，近年来多用绳子系缚铁锤。练法与绳镖相似，是吸收软鞭动作演变而成的。

图17　明代金瓜武士
（明代陶俑，四川博物馆藏）

图18　锤枪
（原载《武经总要》）

十二、抓（挝）

抓是古代兵器，特别是在民间流行较广。元代，在禁用的武器中就有挝。《日知录》载："至元二十三年二月乙亥，敕中外，凡汉民持铁尺、手挝及杖之有刃者，悉输于官。"

抓分长械及软械。长械有金龙抓，杆长约六尺，杆端有抓，形如人手，中指伸直，四指屈握。明代有抓子棒，头上有3个倒钩（图19）；还有"铜拳"，手握长"钉"，以后改"钉"为"笔"，名笔燕挝或判官笔，中指与食指并拢伸直，拇指、无名指和小指中间握一笔，手形似"剑指"，击法多用伸直的指尖或笔尖点击穴位及要害处。除点法外，击法还有抓、拉、刺等。

软械的抓，叫双飞挝，属暗器。《武备志·椎棒》载："用净铁打造，若鹰爪样，五指攒中，钉活（铁环），穿长绳系之。始击人马，用大力丢去，着身收合，回头不能脱走。"（图20）

由于绳的两端各系挝，故名双飞抓（见《三才图会》）。此外，还有形如梅花的梅花抓，周围有6钩，用法都是将抓掷向目标，用力回拉，使抓收紧抓住捕获物。这种器械很少有人练，近已失传。

　　福居禅师的《少林衣钵真传》（抄本）载："一条蔽眼抓，出手更不差。只用两头使，直统便勾爪。左右遍身转，手法实堪夸。"

图19　抓子棒
（原载《武备志》）

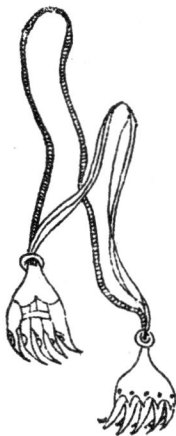

图20　双飞挝
（原载《武备志》）

十三、锐

锐属于杂兵器。在《古今图书集成·经济汇编戎政典·杂器械部》中就记载了锐。此兵器流行于明代，形似叉，上有利刃，称正锋，长一尺半；横有月牙，月牙朝上，上下均有一定间隔的利刃。锋与横刃互镶并嵌于柄，柄长七八尺，尾端有棱状铁钻叫镈（图21）。

此械可用于击刺、架格，因长且沉重，使用者必须力大身高，为长兵中的重器械。形体类似的有凤翅锐、燕翅锐、龙须锐、牛头锐和镏金锐等。福居禅师的《少林衣钵真传》（抄本）载："锐名何谓锐，四方八面当，一言说不尽，横竖迎面闯，埋势紧伏底，抢土迷眼光，何用千般巧，真乃是神方。"

锐的击法有扑、拿、遮、推、转、支、拦等，多采用扎捻势、中平势、骑龙势、架上势、闸下势等基本姿势。

锐没有舞花，主要突出大转。持握分前、后手，并有交替换把。套路有镏金锐、燕尾锐等。

图21 锐

（原载《武备志》）

十四、叉

　　早在原始社会就已有人用飞叉捕鱼。在陕西西安半坡遗址出土的原始鱼叉的尾端带有结节，便于系缚绳索，使用时将叉掷出，然后抓住绳索又将叉收回。狩猎中也用叉抛向猎物，不过这种叉更大些。

　　东汉时，叉已成为群众喜爱的武器之一。1975年，在成都曾家包出土的东汉墓一号墓后室北壁的一幅"劳武结合"石刻画面中有一个武器架，架上就有三头叉。

　　叉为长械的一种，端有二股叉的为牛角叉，有三股叉的为三头叉，又名三角叉。柄长七至八尺，重五斤。《武备志》载有马叉，即三头叉（图22）。《三才图会》载有铜叉，即三角叉。《手臂录》载三股叉（图23）"中锋挺出三四寸，柄长八尺，根有瓜锤，重倍于头，左手在前，如枪之法"，"枪本一直条，而善用枪者，能有横力，于彼掌中捩去其枪。叉有横枝，岂可舍此意而别求用法，故纪效七势，如朝天、进步、伏虎、拿枪、骑龙、架枪，余皆不取，唯取中平一势，而专意制枪之左手前二三尺，枪于上下左右戳来，叉即随法而行，得一著干，转腕进足，直伤其手，无不胜者，然须全用枪法，左手在前，乃得变化如意。考叉之名家有五，曰雄牛出阵，曰开山七埋伏，曰番王倒刀，曰直行虎，曰稍拦跟进"。

叉的击法有转、滚、搕、搓、刺、截、拦、横、捂、挑、掏、贯、拍等。福居禅师的《少林衣钵真传》（抄本）载："三股钢叉随身转，滚搬搕搓成一片，也要崩砸也用棍，腾跳出入随身变，燕子双飞紧伏底，缠缆偷手搕对膝。"由用叉的技法编成的套路有飞虎叉、太保叉等。

图22 马叉

（原载《武备志》）

图23 三股叉（依邱建国拳照）

十五、钯

钯也称扒，本是古代农具称为杷。《农政全书》载："杷镂鳅器也。方言云，宋魏间谓之渠拿，或谓之渠疏，直柄横首，柄长四尺，首阔一尺五寸，列凿方窍，以齿为节。夫畦畛之间，锼剔块壤，疏去瓦砾，场圃之上，搂聚麦禾，拥积秸穗，此益农之功也。后有谷杷，或谓透齿杷，用摊晒谷；又耘杷，以木为柄，以铁为齿，用耘稻禾；竹杷，场圃樵野间用之。"

铁齿谷杷及锐钯，长七尺六寸，约重五斤，齿锋利似钉，攻击性强，也兼有兵器的作用。到明代，模仿农具的锐钯（形似三锋叉）在军中始行。因钯可击可御，兼有矛、盾两用的优点，遂成为军中最具威力的武器之一（图24）。《古今图书集成·经济汇编戎政典》卷三百载："此器自有倭时始用，在闽粤川贵云湖皆旧有之，而制不同。"

由于钯在作战中有一定的威力，明代《纪效新书》中专门总结了钗钯之法和短兵长用的经验。例如，俞大猷的《剑经》总诀歌就总结了这方面的经验："中直八刚十二柔，上剃下滚分左右。打杀高低左右接，手动足进参互就。"并指出了用法要求，如"刚在他力前，柔乘他力后。彼忙我静待，知拍任君斗"。又说"阴阳要转，两手要直。前脚要屈，后脚要直。一把一揭，遍身着力。步步进前，天下无敌"。钯的击法有推牵、扁身杀、倒头打、大斜压等。防法有对打对揭、直起磕、扁身中拦等。武术单练套路有九齿钉钯、荷叶钯，对练套路有钯进枪、钯战刀牌等。

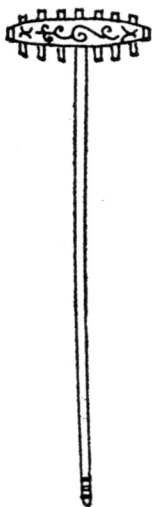

图24　钯

（原载《武备志》）

044

十六、钩

钩是古代兵器的一种，由戈演变而来。春秋战国时期，戈、钩、戟并用。从卫墓出土的铜钩看，钩的形状似戟，只是戟上边为利刃，而钩上边为一浅钩形，故名钩。楚国、吴国多用钩，《史记》载："庄王曰：楚国折钩之喙，足以为九鼎。"《史记·正义》载："凡戟有钩喙，钩口之尖也。吴王爱钩，还下令悬赏作金钩。"《吴越春秋》载："阖闾既宝莫邪，复命于国中作金钩。令曰：能为善钩者赏之百金。"

古战场上，用钩者颇多。魏时骁勇善战的冉闵就"左操双刃矛，右执钩戟，以击燕兵，斩首三百余级"（见《资治通鉴·晋纪》）。

钩的形制很多，到宋代，据《武备志》记载，钩就有抓子棒，即"棒首施锐刃。下作倒双钩。谓之钩棒。无刃而钩者"，有火钩，以双钩刀为刃，有火叉，以铁为两歧，实是钩。

长钩多双手使用。短钩多双手各持一钩，或一手持钩，另一手持其他兵器，相互配合使用。此外，还有飞钩，又名"铁鹞脚"，钩锋长利四刃，曲贯铁索，以麻绳续之（见《武备志》）。

　　武术所用的钩有单钩、双钩、鹿角钩、挠钩、虎头钩等。其中以护手双钩流行较广，因它有钩、有刃、有月牙、有钻，属于多刃器械，较难习练，稍有不慎则容易划伤自己，因此也没有缠头裹脑、舞花等动作（图25）。但它在击法上有自己的特点，有钩、掏、搂、带、托、压、挑、刺、刨、挂、推、拉、提、锁等。单势动作有叉步左搂右刺钩、穿花等。为了发挥钩的多刃作用，演练时要求有起、伏、吞、吐的身法来配合，因此有"钩走浪式"的说法。据传说，护手双钩系清道光年间直隶献县窦二敦最先使用。

　　钩的套路有查钩、行钩、十二速钩、梅花虎头钩、雪片钩、卷帘钩等。对练套路有虎头钩对枪等。演练风格因流派不同而不一样。

图25 双钩（依黄萍拳照）

十七、匕首

匕首即短剑。《通俗文》载："其头类匕，故曰匕首。"匕首的历史悠久，《荆轲刺秦王》载："太子预求天下之利匕首。"《事物纪原》卷九载：汉王莽"避火宣室前殿……持虞帝匕首，则匕首之制，尧舜已为其物矣"。《曹沫劫齐桓公》载："曹沫执匕首劫齐桓公。"

匕首锋利、短小，携带、使用方便，制造也比较精致。《文身刀铭》载："汉建安二十四年，魏文帝为太子时，铸三宝刀二匕首，天下百炼之精利。"

匕首有击、刺、挑、剪、带等主要击法，是近距离搏斗时比较有威胁的武器。张载在《匕首铭》中写道："匕首之设，应速用近，既不忽备，亦无轻忿，利以形彰，功以道隐。"（见《古今图书集成·经济汇编戎政典·刀剑部》）匕首的单势动作有叉步抢臂翻身扎、上步转身刺换匕首弓步刺等。

　　匕首的单练套路有双匕首，对练套路有匕首进枪、夺匕首、双匕首进双枪以及三人的双匕首盾牌、单刀枪等（图26）。

图26　匕首（依沈素娟拳照）

十八、峨眉刺

据传说，峨眉刺是古代水战中的杂器械，但兵书未列，作为武术项目最早始见于《清稗类钞》："宣统辛亥年，拳师戴绵唐、李勤波、李春如三人表演的武术项目中有'峨眉针'，即今之峨眉刺。"

武术用的峨眉刺长约30厘米，呈中间粗、两头细的锥体形，头端略扁呈菱形带尖，中间有一圆环，表演时将圆环套在双手中指上，击法以刺、穿、扔、挑为主，配合跳跃等各种步法动作，舞动起来别有风格。双腕一抖，峨眉刺可以在手中转动。舞练时，结合各种步型、步法及平衡、跳跃、翻转等动作构成套路，适合于女子练习（图27）。

图27 峨眉刺（依杜文红拳照）

十九、圈

圈是古代杂器械。"《通典》曰，梁有舞轮伎。"（见《事物纪原》卷九）此外，还有带刃的铁轮，都属圈的一种。"《兵志》：咸平三年，相国寺僧法山，本洺州人，强姓，其族百口，悉为戎人所掠。至是，愿还俗，隶军伍以效死力，且献铁轮拨，浑重三十三斤，首尾有刃，为马上格战具。"（见《古今图书集成》卷三百）北京西郊石景山模式口翠微山麓明代著名的法海寺壁画上就有风火轮，也属圈类。

古代的圈属暗器，形如手镯，除握手呈圆形外，其余均为扁圆形，并在外缘有形如锯齿的薄刺，掷出后使圈旋转，用刺伤人。

近代武术器械中的圈，无齿无刃，直径约25厘米，上系有彩绸，演练时双手各持一圈，配以旋转、翻身、跳跃，并伴有优美的动作造型，适合于青少年练习（图28）。圈的击法有抢、砸、套、带、格、压等。

近年全国武术比赛中的单练套路有双环、乾坤圈、风火轮等，也有对练套路，如双圈对棍等。

图28　圈（依孙财涛拳照）

二十、流星锤

　　流星锤又名飞锤或走线锤，是软兵器的一种。早在远古时代，分布在汾河沿岸的丁村人以藤索系上石球制成飞石索，在狩猎时抛出，以缠住大兽的四肢。这种飞石索就是流星锤的雏形。

　　流星锤有单流星锤和双流星锤之分。单流星锤绳索长约一丈五尺，末端套于手，另一端系一鸭蛋大小的铜锤，锤形如瓜。双流星锤绳索长五尺，两端各系一小铜锤，用时前者为正锤，后面手中的为救命锤（图29）。

　　演练时，把绳巧妙地缠绕在自己的脖子、胸背、肩、肘、手腕及下肢的大腿、小腿、脚部和腰上，放锤抖身，使其击打如飞，快如流星，其动作有浪子踢球等。

　　绳镖只是改锤头为镖头，演练方法与流星锤相似（图30）。

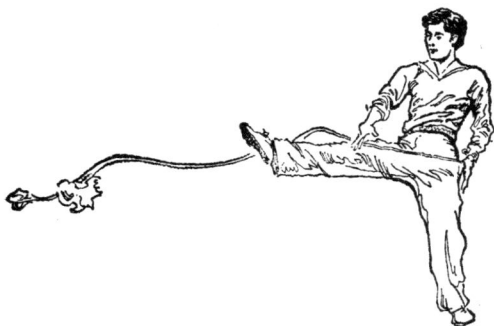

图29　流星锤（依王振田拳照）

图30　绳镖（依袁铭拳照）

二十一、槊

　　槊是古代兵器，狼牙棒即属槊类，在云南江川李家山古墓群中就发现了战国晚期、东汉早期的槊（图31）。槊的种类很多，多为力大之人使用，"锐、钯、锤、槊，力猛之人始能使用"，技术要求不高，因此槊近于失传。

　　槊柄长约六尺，坚木制，柄端有长圆形锤，上面密排铁钉6～8行，柄下有三棱形铁钻，故名狼牙槊。《武备志》载："无刃而钩者亦用铁爪植钉于上如狼牙者，曰狼牙棒。本末均大者为杵，长细而坚重者为杆，亦有施刃镶者，大抵皆棒之一种。"除狼牙槊外，还有指槊、掌槊、双槊、横槊等。

　　槊的击法有劈、盖、截、拦、撩、冲、带、挑等。套路有单槊等。

　　福居禅师的《少林衣钵真传》（抄本）载的槊，绘之以图，柄端系三节似锏，并谱曰："使槊却有四面刃，出入进退八方巡，心灵眼快手腿疾，一反一复似车轮。"其击法与大刀同。

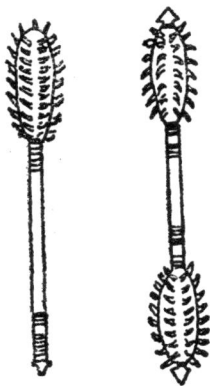

图31　狼牙棒（左）和杵棒（右）
（原载《武备志》）

二十二、铲

早在新石器时代已有石铲。商代有青铜铲，战国晚期始用铁铲。金属铲的刃部多呈凸弧形，均以銎装柄，刃与柄呈"丁"字形。

铲最早是农具中"镫锄，划草具也"（见《农政全书》），以后改进成武器。明《武备志》中有铲，并绘之以图，铲刃由凸形演变成凹形（"铲似弯月，月牙朝上，铲柄长小尺一丈，尾有刃，以便刺"）。

僧侣多用铲，因为铲平时可代替扁担负重，走山路时又便于开路或作为武器。铲的击法有推、压、拍、支、滚、铲、截、挑等。单势动作有童子拜佛、乌龙摆尾、二郎担山、出山门等招式。在演练中多走身法，风格别致。单练套路有方便铲、月牙铲，对练套路有月牙铲对枪等（图32）。

图32 铲（依王庆义拳照）

二十三、橛

橛属棒棍类。《古今图书集成》卷二百九十二载："取坚重木为之，长四五尺，异名有四：曰棒，曰棆，曰杵，曰杆。"

橛是由棒棍演化而来的武术双器械，长度齐胸，粗端直径约一寸半，细端直径近一寸，形似筷子，有粗似马鼻子的小孔以穿穗。演练时，两手各持一械，握粗端。击法有刺、劈、杵、截、扫等。套路有拦马橛等。

二十四、盾

盾是手持的防护性武器。初民战斗时用木干以御矢石。木干就是干，干上编附藤条或树皮、皮革，以扩大其防护面积，从而形成长方形或圆形就叫盾。

《武备志》载："凡干戈名最古，干与戈相连得名者，后世战卒、短兵、驰骑者，更用之。盖右手执短刀，则左手执干，以蔽敌矢。"

商周时的盾牌多皮制，形制较大，上面钉缀有大小不同的圆形青铜部件，以加强防护能力；也有兽面形盾牌，形象狰狞威严，给人以心理威慑。这种方或圆的形制，沿袭到明清大体没变，但也分步兵旁牌、骑兵旁牌、手牌、燕尾牌、挨牌、藤牌等多种（图33）。

作战中大多一手持盾牌防御，一手持刀枪器械等进攻，因此要求"习牌之人须胆勇气力，轻足便捷"（见《纪效新书》卷十一）。

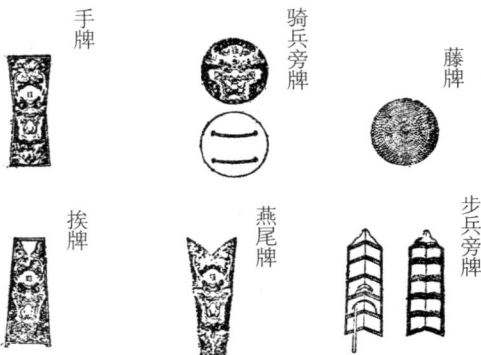

图33 古代盾牌（原载《古今图书集成》）

　　经过漫长的岁月，这种防御性的武器逐渐形成套路流传下来。《纪效新书·或问》载："藤牌单人跳舞，免不得乃是必要。从此学来内有闪滚之类，亦是花法。"《纪效新书·牌筅》中还载有抄衣势、斜行势、仙人指路势、滚牌势、跃步势、低平势、金鸡畔头势、埋伏势等动作，而且伴有图绘，形象逼真，说明盾牌已有单练套路。

　　近代盛行的是盾牌与其他器械的对练套路，如矛与盾对打、单刀牌进枪、三节棍进盾牌刀等。在运用中仍起着防身护卫、以御待机或御中待击的积极作用，颇受群众喜爱（图34）。

图34 双枪进盾牌刀（依山西省武术队拳照）

二十五、弓矢

　　弓矢是一种射远的兵器，可不交手而收攻杀之效，因此在狩猎及攻战中是重要兵器。

　　新石器时代有大量箭镞，其中有仰韶文化和龙山文化的各种箭镞，既有石制的，也有骨制的。到了商代，又有铜制箭镞。箭镞大致有薄匕式、圆锥式、三棱式、平头式4种。《世本》载："黄帝的臣子，挥作弓，夷牟作矢。"这大体反映了我国发明弓箭的时代。

　　发矢的弓，很早就使用"骍骍角弓"（见《诗经·角弓》）。据《周礼·考工记》载，有一种复合弓是以木为干、以筋为表、以角为里，再用胶合、丝缠，外加漆涂而制成的。

　　恩格斯说："弓箭对于蒙昧时代，正如铁剑对于野蛮时代和火器对于文明时代一样，乃是决定性武器。"（见恩格斯：《家庭、私有制和国家的起源》）在中国周朝，射箭已成为社会生活的一部分，并把它列为六艺（礼、乐、书、数、射、御）之一，当时几乎无人不学射。

几千年来，射箭不但成了众所周知的显示技能的武艺，而且是我国传统的体育项目之一。

由于射的技术不断发展，人们也逐渐积累了不少经验。例如，《射义》就详细记载了射的技术规格、要求和细节。

春秋战国时期，射箭非常普及，射箭能手辈出，也出现了不少善射的故事和传说。

秦汉时，由于弓矢改进，射的技术进一步提高，射法研究成果也大量出现，仅《汉书·艺文志》等记载的射法专著就有50多种。

唐代王琚的《射经》（见《事林广记》后集卷十三）所讲的射的技术，已不同于军事作战技术。《武经总要》载："唐王琚教射二篇，多言射之容止，非战阵所急。"

到了两宋时期，民间还成立了"弓箭社"组织，互相传授技术，以射猎或防止异族侵略。《宋史·兵志》载："弓箭社，河北旧有之。熙宁三年十二月，知定州滕甫言：河北州县近山谷处，民间各有弓箭社及猎射人。"

元代，对射箭更加重视。《元史·兵志》载：

"元起朔方，俗善骑射，因以弓马之利取天下。"这说明了为什么元代统治者特别重视射箭。

到了明代，戚继光的《纪效新书》卷十三《射法》系统总结出了开弓、调弓、持弓、审固、撒放等25条技术要求。

新中国成立前，射箭运动没有得到发展，仅在少数民族地区按照当地风俗习惯在喜庆节日还保持着射箭活动的传统。新中国成立后，党和政府对武术很重视，并把射箭列为单独项目，射箭运动有了飞跃发展，技术也有了很大提高，在每次全国射箭比赛中都有新纪录出现，参加的民族有汉、满、蒙古、回、藏族等。

射箭始分射远、射准比赛，后因弓箭不断改进，射远逐渐失去了比赛意义，就只剩下射准比赛。比赛时，运动员站在起射线上，拉弓用箭射靶。靶是圆形，直径为80厘米，10个环数，射中中心为10环，得10分，由靶心向外依次为9环、8环以至1环，射中哪环则得该环的分数。将所得的分数相加就是总成绩。如果只记一个距离，成绩就是单项成绩。

过去，我国射准比赛的距离是男子为20米、30米、40米，女子为20米、30米。每个人在每个距离发射10箭，男子在3个距离共射30箭，女子在2个距离共射20箭。环数多者为优。

目前，我国运动员除使用传统的中国弓箭（图35）外，也使用国际比赛用的弓箭，规则也不一样。

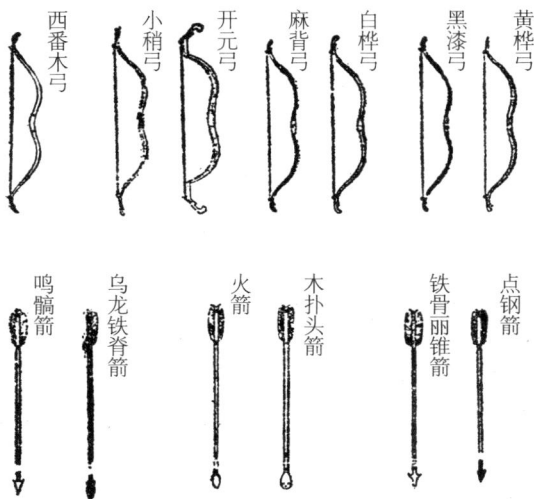

图35 各种弓箭（原载《古今图书集成》）

二十六、弩

战国时始有机弩。《吴越春秋》卷九载，"琴氏以为弓矢不足以威天下"，"乃横弓着臂，施机设枢，加之以力"。战国初期的《墨子·非攻》所列武器中没有弩，战国末年的《墨子·备城门》中则不但提到弩，而且有连弩出现。从出土机弩的古墓看，最早为战国楚墓。因此，可以推断机弩的发明当在战国中期，系由弓矢发展而来的。

弩最先出现在楚国，对此《国策》记载颇详，而且弩的构造已相当精良，弩射的技术已形成理论。

汉代，弩在远兵器中占有重要地位。汉代的弩有黄间、紫间等名称，射力有二石、三石、五石、八石的（古代一石等于120斤），而且有的是连射，政府还设有专门机构管理这种弩的制造。

诸葛亮改造了连弩，可一弩发十矢，威力强大，通称"摧山弩"，又叫"元戎"。

到了唐代，弩射积累了丰富的经验。这时，张弩人、进弩人、发弩人分工明确，为了便于传授，弩射技术还有了教法歌诀。

宋代的"锦标社"就是射弩的民间组织，对弩射技术起了一定促进作用（图36）。明代《耕余剩技》《纪效新书》还专门收录并总结了弩射

图36　射弩（原载《耕余剩技》）

的经验。

　　由于弩射属机发性的武器，所以没有形成武术套路技术。

二十七、弹丸

弹丸即团土为丸，用弓弹出。

《说文解字》载："弹，行丸也。"《吴越春秋》载："弩生于弓，弓生于弹。"这说明最早的弓是用于射弹丸的，所以至今民间仍把射弹的弓称为弹弓。

古时，射弹多用于狩猎。《庄子》载："见弹而求鸮炙。"《弹歌》曰："断竹、续竹，飞土、逐肉。"（意即砍下竹子，做成弹弓，发射弹丸，直射野兽。）弹丸是射远的兵器，因此古时也有人用于射人。例如，隋名将长孙晟"善弹工射，矫捷过人"（见《隋书列传·长孙晟》）。《左传》载："晋灵公不君，厚敛以雕墙，从台上弹人，而观其辟丸也。"可见，早在2000余年前，古代统治者就有用弹丸射人取乐的事。

劳动人民则把弹丸作为防身自卫的武器之

一。随着艺人出现，常以表演射准作为一种显示功夫的本领。发射弹丸有很多招式，如苏秦背剑、张飞骗马等，以各种姿势射准。在现代，弹丸已不列为武术项目，多保留在杂技或卖艺人的节目中。

出版说明

　　"新编历史小丛书"承自20世纪60年代吴晗策划的"中国历史小丛书",其中不少名家名作已经是垂之经典的作品,一些措辞亦有写作伊初的时代特征。为了保持其原有版本风貌,再版过程中不做现代汉语的规范化统一。读者阅读时亦可从中体会到语言变化的规律。

　　　　　　　　　　　　"新编历史小丛书"编委会

图书在版编目（CIP）数据

中国武术器械 / 习云泰著 . — 北京：文津出版社，
2024.5
（新编历史小丛书）
ISBN 978-7-80554-900-2

Ⅰ. ①中… Ⅱ. ①习… Ⅲ. ①器械术（武术）—体育运
动史—中国—通俗读物 Ⅳ. ①G852. 209-49

中国国家版本馆 CIP 数据核字（2024）第048526号

选题策划　陶宇辰
责任编辑　陶宇辰
责任营销　猫　娘
责任印制　燕雨萌

新编历史小丛书

中国武术器械
ZHONGGUO WUSHU QIXIE

习云泰　著

出　　版　北京出版集团
　　　　　文津出版社
地　　址　北京北三环中路6号
邮　　编　100120
网　　址　www.bph.com.cn
总 发 行　北京伦洋图书出版有限公司
印　　刷　北京汇瑞嘉合文化发展有限公司
经　　销　新华书店
开　　本　880 毫米 ×1230 毫米　1/32
印　　张　2.75
字　　数　41 千字
版　　次　2024 年 5 月第 1 版
印　　次　2024 年 5 月第 1 次印刷
书　　号　ISBN 978-7-80554-900-2
定　　价　29.80 元